SUR

LE REMBOURSEMENT

DES DEUX TIERS

DE LA DETTE PUBLIQUE;

PAR

J. C. ZOLLIKOFER.

A PARIS,

DE L'IMPRIMERIE DU JOURNAL D'ÉCONOMIE PUBLIQUE, DE MORALE ET DE POLITIQUE, rue de Buffault, n.º 499.

AN V. — 1797.

Le morceau qu'on va lire se trouve en entier dans le
N.º III du *Journal d'Économie publique* , *de Morale et de
Politique* , rédigé par Rœderer ; mais comme il pourroit
arriver que des personnes qui ne lisent point ce Journal ,
seroient bien aise de connoître ce morceau , j'ai cru devoir
le faire imprimer séparément.

SUR *le remboursement des deux tiers de la Dette publique.*

J'AUROIS voulu traiter ce sujet à fond , et avec méthode, comme il le mérite ; mais il ne me reste plus assez de temps pour cela ; je dois me borner à en dire seulement quelques mots à la hâte, pour qu'ils puissent parvenir encore à temps au Conseil des anciens, qui , au moment où je commence cet écrit , a peut-être déja ouvert la discussion sur la résolution du Conseil des cinq-cents , y relative.

Il seroit peut-être , sinon dangereux pour moi , du moins inutile pour les lecteurs , d'examiner ici ce qui est juste ou injuste dans cette opération. J'examinerai donc simplement en quoi elle convient ou ne convient pas , selon moi , aux parties intéressées , espérant qu'elles ne m'en sauront pas mauvais gré.

Suivant la loi existante , le propriétaire d'une inscription sur le grand livre de 5000 francs en rentes perpétuelles, représentant au denier 20 , un capital de 100,000 francs, a reçu ou dû recevoir pour l'année ,

1,250 l. ou le quart, en bons , que j'évalue très-haut en les évaluant à 50 l. les 100 francs, ci . . . . 625 l.

3,750 ou les $\frac{3}{4}$, en bons , à 10 liv. les 100 francs [1] , ci. 375

5,000 l. en bons , faisant en num.re $\frac{1}{5}$ ou 1,000 l.

---

[1] Depuis la résolution du Conseil des 500 , ces deux espèces de bons ont déja baissé de prix,

Suivant la résolution du Conseil des cinq-cents, 66,666 l. 13 s. 4 d. lui seroient remboursées en *bons* au porteur, pour les deux tiers du capital; et sur les 33,333 l. 6 s. 8 d. restans pour l'autre tiers, on continueroit à lui payer annuellement 5 p. ⁰⁄₀ d'intérêt, faisant 1,666 l. 13 s. 4 d. *en numéraire.*

S'il étoit possible que le premier mode de paiement subsistât toujours, ou seulement un certain nombre d'années, le propriétaire de cette inscription de 5,000 l. trouveroit un grand avantage à l'exécution de la résolution du Conseil des cinq-cents, puisqu'au lieu de 1,000 l. ou un cinquième, il en toucheroit tous les ans 1,666 l. 13 s. 4 d. ou un tiers en *numéraire*, et de plus, une fois pour toutes, 66,666 l. 13 s. 4 d. en *bons*, qui vaudroient toujours quelque chose, quoique bien peu.

Mais comme les bons qu'il a reçu jusqu'à présent, et qu'il pourroit recevoir encore par la suite, tant pour le quart que pour les trois quarts de son inscription, ne servent qu'à l'acquisition de biens nationaux; qu'il n'y a de ces biens que pour une certaine somme; que tous peuvent être vendus en un an ou deux, ou plutôt, puisqu'on reçoit également en paiement du numéraire et d'autres effets publics; et qu'une fois tous vendus, il faudroit payer de nouveau en *numéraire* la rente de 5,000 l., ce bénéfice pendant un si court espace de temps, ne seroit rien pour lui en comparaison de la perte qu'il essuyeroit ensuite, en supposant même que les circonstances obligeassent le gouvernement de réduire la rente à moitié, c'est-à-dire, les 5,000 l. à 2,500 l., lorsqu'il s'agiroit de payer en écus.

Supposons, pour le démontrer par un exemple,

(5)

qu'il touchât dans l'espace de quatre ans, savoir :

Par le mode actuel,

la 1.re année, en bons, valant .... 1,000 l.
la 2.me année, *idem* 1,000
la 3.me année, en numéraire, la $\frac{1}{2}$
    de 5,000 l..................... 2,500
la 4.me année, *idem*.............. 2,500
                                ————

                               7,000

Par le nouvel arrangement,

Chacune des 4 années, 1,666 l. 13 s. 4 d.
    faisant ensemble, environ 6,667
                                ————

Il perdroit donc dans cet espace de tems   333

Et par la suite, chaque année, environ   833

Comme le prix d'une chose se règle ordinairement d'après la quantité qu'il y en a, et la demande que l'on en fait, on peut être assuré que si les bons qu'on appelle *trois quarts*, et qui sont reçu actuellement en paiement des biens nationaux, sur le même pied que le seroient jusqu'à la paix les nouveaux bons dont il s'agit, ne valent pas six livres les cent francs, aujourd'hui qu'il n'y en a pas pour cent millions, ceux-ci ne vaudroient pas dix sous les cent francs, lorsqu'il y en auroit pour trois ou quatre milliards. Ainsi les 66,666 l. 13 s. 4 d. que le propriétaire de l'inscription de 5,000 l. recevroit en de tels bons pour remboursement des deux tiers du capital, loin de compenser la perte des environs 833 l. espèces qu'il feroit chacune des années qui suivroient les quatre premières, l'indemniseroient à peine des 333 livres qu'il perdroit dans l'espace de ces quatre années.

En vain prétendroit-on que, malgré leur énorme quantité, les nouveaux bons ne perdroient jamais tant, parce qu'un mois après la ratification du dernier traité de la paix générale, ils seroient seuls reçus en paiement des biens nationaux que l'on voudroit acquérir alors. D'abord, cette paix, quoique généralement beaucoup desirée, peut être encore fort éloignée; et que faire en attendant de ces bons? Ensuite, si à-présent l'on se soucie très-peu d'acheter de ces biens, pourquoi s'en empresseroit-on alors, à moins qu'on ne pût les avoir à vil prix? Et puis, en restera-t-il à la paix pour employer tant de bons? Il y a tout lieu d'en douter, sur-tout si l'on tient la promesse faite aux défenseurs de la patrie, de leur en donner pour un milliard, valeur métallique [1].

Les anciens bons appelés *trois quarts*, baisseroient naturellement et nécessairement à fur et mesure que les nouveaux paroîtroient dans la circulation; et si la seule résolution du Conseil des cinq-cents les a fait subitement tomber de 8 l. à 5 l. 15 s., ils tomberoient tout aussi subitement de 5 l. 15 s., prix actuel, à 10 s., même à 5 s., comme jadis les assignats. Si depuis cette résolution, ceux qu'on appelle *quart* ont peu baissé de prix,

---

[1] Dans le tableau présenté dernièrement au Conseil des cinq-cents, des moyens de pourvoir aux dépenses de 616 millions pour l'an 6, il est porté en ligne de compte 20 millions pour revenus des domaines nationaux. C'est bien peu de chose, s'ils ne rapportent que 2 pour cent net; et à ce taux. il en resteroit donc seulement pour le milliard qui a été promis aux défenseurs de la patrie.

ils ne manqueroient certainement pas de baisser beaucoup au premier bruit de paix générale, puisqu'à sa conclusion ils ne seroient plus reçus comme numéraire, ni même autrement, en paiement des biens nationaux dont on voudroit alors faire l'acquisition. Les propriétaires de ces deux espèces de bons perdroient donc également par l'exécution de la résolution en question.

D'ailleurs, lorsqu'il s'agit de rembourser les créanciers de l'état, il faut au moins leur donner une valeur qui soit pour tous la même. Or, comme il faudroit beaucoup de temps pour délivrer des bons à tous ceux dont les créances sont déja liquidées, et infiniment plus pour les délivrer à ceux dont les créances sont encore à liquider, il arriveroit infailliblement que ces bons, variant nécessairement de prix, selon les temps et les circonstances, vaudroient beaucoup moins pour les uns que pour les autres, et rien ou presque rien pour ceux qui les recevroient les derniers, ou fort tard.

Cette nouvelle mesure seroit donc très-onéreuse pour les créanciers de l'état, qui depuis plusieurs années ont déja tant souffert : elle ne leur convient donc pas du tout. Voyons maintenant si elle conviendroit réellement au gouvernement, comme apparemment il le pense.

. Elle réduiroit au tiers le capital de la dette publique ; ce qui seroit sans doute beaucoup, vû sur-tout l'énormité de cette dette : mais si une telle réduction devenoit très-utile au gouvernement pour l'avenir, elle lui seroit très-nuisible pour le présent, en ne la considérant même que sous le seul rapport pécuniaire.

En effet, si le gouvernement laisse le capital et l'intérêt tels qu'ils sont actuellement, et s'il paye ce dernier en bons pareils à ceux avec lesquels il a acquitté le premier semestre de l'an 5 , il ne débourse que du papier admissible en paiement des biens nationaux qu'il cherche à vendre ; papier qui en facilite d'autant la vente, s'il ne l'opère pas seul.

Si, au contraire, il réduit le capital au tiers, et s'il remplit religieusement sa promesse de payer en *entier* et en *écus* l'intérêt de ce tiers, il doit débourser beaucoup de millions en *numéraire* [1] : et cela précisément dans un temps où il a ou aura, d'un côté, le plus grand et le plus urgent besoin de ces millions, et, de l'autre, le plus de difficultés à se les procurer.

En supposant même, comme bien des gens le craignent déjà d'avance, que, malgré sa promesse solemnelle, et malgré son desir de la remplir, le gouvernement, forcé de céder aux circonstances, payât l'intérêt du capital réduit au tiers, non pas en *écus*, mais en *papier*, n'importe de quelle dénomination, et sous quel titre ou prétexte, il en résulteroit, à la vérité, qu'il débourseroit deux tiers de moins en *papier* qu'il n'auroit à débourser en payant l'intérêt sur le capital entier ; mais cette épargne en *papier*, qui, dans l'état actuel des choses, a très-peu de valeur, soit en lui même, soit pour le gouvernement, ne seroit rien, absolument rien en comparaison du tort immense que ce nouveau

---

[1] On évalue à 240 millions l'intérêt annuel du capital entier. L'intérêt du tiers de ce capital s'élève donc à 80 millions par an. Il y auroit donc d'abord 40 millions à payer pour le deuxième semestre de l'an 5 ; et puis, dans quelques mois, 40 millions pour le premier semestre de l'an 6 ; ainsi de suite.

manque de promesse (lequel les souffrans pour-
roient bien appeler *manque de foi*) feroit à son
crédit, dont, pour pareilles et d'autres raisons,
il jouit en ce moment de bien peu, et dont cependant il a un extrême besoin.

Dans le cas fâcheux de la privation de tant
de millions en écus qui lui sont si nécessaires,
comme dans le cas plus fâcheux encore de la di-
minution si sensible de son crédit défaillant, le
gouvernement, pour y suppléer, se verroit né-
cessité d'avoir recours à toute sorte d'expédiens,
dont le résultat seroit une augmentation considé-
dérable dans ses dépenses déja excessives ; augmentation qui entraîneroit celle des embarras
toujours croissans, au point que les conséquen-
ces en seroient très-funestes.

Voilà qui prouve suffisamment, je pense,
que si les circonstances exigeoient jamais une réduction de la dette publique, ce n'est ni dans
ce moment ni de cette manière. Continuons
donc à examiner ce qui pourroit déterminer le
gouvernement à prendre la nouvelle mesure dont
il s'agit : car enfin il ne la prendra pas sans des
motifs bien déterminans.

Il est assez probable, peut-être devrois-je dire
certain que le premier et principal motif du
gouvernement de prendre cette mesure, est *l'es-
pérance* que par l'émission de quelques milliards
de bons au porteur, admissibles uniquement
en paiement de biens nationaux, il se vendroit
beaucoup plus de ces biens que par le passé,
non-seulement *après* mais aussi *avant* la ratification du dernier traité de la paix générale;
et que par-là le trésor public toucheroit beaucoup plus en *numéraire* qu'il n'en a touché jusqu'à présent pour cet objet. Cependant cette es-

pérance est encore plus vaine que sa réalisation seroit importante, comme on va le voir.

D'abord, si le trésor public touche maintenant peu ou point de *numéraire* pour ceux des biens nationaux déja vendus et non payés, parce qu'il reçoit en paiement pour *écus*, les bons qu'on appelle *quart*, il n'en toucheroit pas davantage par l'émission pour des milliards de nouveaux bons, puisque, selon toute apparence, il y en a encore assez des *quarts* pour ce que de ces biens il reste à payer en *numéraire*, et plus qu'il n'en faut de bons appellés *trois quarts*, et d'autres effets publics admissibles pour ce qui est payable en *créances sur l'état*; de sorte que l'on n'a pas besoin pour cela de nouveaux bons.

Ensuite, quant aux biens nationaux qui sont encore à vendre, il se pourroit que l'émission de tant de nouveaux bons, loin de diminuer, augmentât les motifs pour lesquels on ne se soucie guères d'acquérir de ces biens : il se pourroit même que, comme les assignats et les mandats, les bons apparussent et disparussent, sans que les biens fussent vendus.

Mais en admettant que l'émission des nouveaux bons fût un motif d'acquérir des biens nationaux, plus fort que tous ceux qui militent contre, du moins attendroit-on pour faire de telles acquisitions, jusqu'après la ratification du dernier traité de la paix générale, puisqu'alors ces bons seroient seuls reçus en paiement; et de cette manière le trésor public ne toucheroit pas plus de *numéraire* que de l'autre, pour ventes de ces biens.

Tandis que ce but seroit totalement manqué par l'émission des nouveaux bons, la recette du droit d'enregistrement, évaluée à 70 millions dans le tableau dont j'ai fait mention dans une

(11)

des notes, diminueroit plus ou moins, et peut-être de plusieurs millions, par la réduction au tiers de la dette publique, parce que les transfers et autres mutations qui payent ce droit, diminueroient par-là également et nécessairement en nombre et en sommes. On se tromperoit donc très-fort en comptant toucher par cette mesure des écus que l'on ne toucheroit pas sans elle, puisque tout le contraire arriveroit.

On se tromperoit tout aussi fort si l'on espéroit accélérer par elle la paix générale, ou l'obtenir à des conditions plus avantageuses pour la France ; il y auroit cent contre un à parier que tout le contraire arriveroit de même, par diverses raisons que je crois ne devoir pas rapporter ici.

Enfin, si le temps me permettoit, et s'il étoit nécessaire d'entrer en de plus longs détails à cet égard, il me seroit facile de démontrer évidemment que la réduction projettée ne produiroit en ce moment aucun des bons effets que le gouvernement paroît en attendre, tandis qu'elle en produiroit plusieurs de très-mauvais, autres encore que ceux dont j'ai déja parlé, tout en prêtant matière à la critique contre ses auteurs : or, j'aime à me persuader que ceux-ci ne veulent ni du mal ni de la critique.

Mais en voilà assez, je pense, et peut-être même trop pour convaincre les lecteurs qui sont susceptibles de conviction, que si cette opération ne convient point aux créanciers de l'état, elle ne convient pas non plus au gouvernement : elle convient même beaucoup moins encore aux derniers qu'aux premiers. Voici ce qu'à mon opinion, il y auroit pour le présent de mieux à faire à sa place.

Personne ne doute, et tout le monde (même

les créanciers) s'attend à une réduction plus ou moins forte de la dette publique ; mais si cette mesure est inévitable , ce que pourtant il faut premièrement bien examiner , elle doit nécessairement être combinée avec certaines autres opérations , de manière à la rendre aux souffrans le moins douloureux qu'il sera possible.

Toutes ces opérations , dont les biens nationaux font également partie , doivent entrer dans le plan général par lequel on voudra restaurer les finances ; et j'indiquerai incessamment dans un autre écrit les divers obstacles qu'il faut lever , avant de ponvoir former , et , ce qui plus est , exécuter un tel plan.

Il faut donc différer jusques-là toute réduction soit du capital soit de l'intérêt de la dette publique ; mais comme le gouvernement a manifesté le désir très-louable d'améliorer le sort aujourd'hui vraiment pénible des créanciers de l'état , tandis que la situation actuelle des finances ne permet absolument pas de leur payer pour le présent cet intérêt *en entier*, il sera bon ou plutôt nécessaire que le corps législatif déclare et promette , par une loi formelle , et irrévocablement , qu'à commencer de celui du deuxième semestre de l'an 5 , le trésor public en payera exactement aux échéances respectives , *le tiers en écus*, ou équivalant , et que les autres deux tiers ne seront *ni payés ni supprimés*, jusqu'à ce qu'à la paix générale , les circonstances admettront ou exigeront d'autres mesures à ce sujet.

J'ose présumer qu'en faisant aux créanciers cette promesse solemnelle , je pourrois indiquer au corps législatif les moyens de la remplir , sans préjudice aux autres besoins indispensables du gouvernement ; et il peut être bien persuadé que les créanciers, habitués depuis longtemps aux sacrifices majeurs, et convaincus de l'impossibilité de faire mieux pour eux dans les circonstances présentes, en seroient très-contens, et s'en estimeroient encore fort heureux.

Cette seule mesure bien exécutée suffiroit pour rétablir, non pas entièrement, mais jusqu'à un certain point le crédit du gouvernement, pour contribuer à faciliter toutes ses autres transactions financières, pour lui faire une infinité d'amis, pour aider à consolider son existence, pour consoler les rentiers affligés de leur sort actuel qui est très-accablant, pour encourager quantité d'hommes découragés à s'adonner de tout leur pouvoir à l'agriculture, à l'industrie, au commerce, pour influer avantageusement sur les négociations de paix, en un mot, pour produire beaucoup d'excellens effets, et même en plus grand nombre et de meilleurs que ceux que l'on attend vainement de la résolution en question, si elle étoit convertie en loi.

Tout cela me paroît plus que suffisant pour devoir déterminer le conseil des anciens à rejetter ladite résolution, afin que le conseil des 500, revenant sur ses pas, en prenne une autre, telle qu'elle convient à tous les intéressés en particulier, et à la nation en général. Si cela arrive, et si alors le conseil des 500, ou sa commission des finances, ou quiconque du gouvernement seroit chargé de cette besogne, daigne m'entendre, je me ferai un plaisir comme un devoir de lui communiquer toutes mes idées là-dessus.

Paris, 3.ᵉ jour complémentaire de l'an 5.

P. S. Je reçois à l'instant, sous le pli du

Journal de Paris, un imprimé de 33 pages *in-8.º* du citoyen Saint-Aubin, intitulé : *Sur la mobilisation des deux tiers de la dette publique*, etc ; et en le parcourant rapidement, je vois avec plaisir que tout en traitant ce sujet *chacun à sa manière*, nous sommes, néanmoins, parfaitement d'accord sur le fond : c'est ainsi que la vérité doit toujours se rencontrer.

Sans avoir jamais eu aucune relation avec le citoyen Saint-Aubin, que je ne connois même pas, je suis également d'accord avec lui sur l'ensemble de ce qu'il dit dans le dernier numéro de ce journal, au sujet d'un des moyens du gouvernement de se procurer des fonds ; seulement je diffère en quelques points essentiels sur la manière de faire l'emprunt qu'il propose. J'ai aussi mes idées (peut-être en partie neuves) sur cet objet, ainsi que sur l'amélioration de la répartition et de la perception des contributions directes, dont il parle à la fin de son morceau ; et ces idées feroient parties de mes combinaisons, concernant les moyens dont j'ai fait mention dans cet écrit.

En attendant, je demande qui auroit assez de confiance dans le gouvernement pour lui prêter *demain* beaucoup de millions, ne fût-ce que pour peu de temps, et fût-ce à un bon intérêt et sur bonne hypothèque, si *aujourd'hui* il remboursoit les deux tiers de ses anciennes dettes hypotéquées de même, en bons de si peu de valeur réelle ? Je crois personne : raison de plus, et raison déterminante pour renoncer, du moins quant à présent, au projet de faire ce remboursement.